JUSTIFICATION

D'UN

CITOYEN FRANÇAIS

CALOMNIÉ.

LE
NAUFRAGÉ DE TERRE

OU LA JUSTIFICATION

D'UN CITOYEN FRANÇAIS

CALOMNIÉ.

———

La calomnie est facile, surtout pour l'homme méchant ; mais elle retombe sur son infâme auteur lorsqu'il a la lâcheté de se cacher sous le voile de l'anonyme.

L'homme de bien, au contraire, qui a à se plaindre d'un de ses semblables, lui reproche les torts dont celui-ci s'est rendu coupable à son égard ; mais il le fait la face découverte, parce qu'il n'avance que des faits vrais, et qu'il n'aura à craindre ni la justice des tribunaux ni le jugement de l'opinion publique. J'aurais dû, d'après les considérations dont je suis honoré par tous les gens de bien, mépriser les pamphlets lancés témérairement contre moi ; mais pour prouver à mes adversaires que je suis loin de les redouter, et que, tout en gardant l'anonyme pour eux et contre moi ils ont agi pourtant de manière à laisser échapper quelques-uns de leurs traits empoisonnés, j'ai bien voulu prendre la peine de les réfuter, laissant à tous les citoyens probes le soin de nous juger ; et comme je suis convaincu d'avance de la bonté de ma cause, j'espère en obtenir le triomple le plus complet.

1845

J'exposerai tout d'abord et très succinctement les faits, je réfuterai ensuite les articles de leur libelle diffamatoire ; enfin, la conclusion de leur attaque et de ma défense.

Le lecteur va voir les motifs qui ont guidé mes vils calomniateurs, pourquoi ils ont publié et distribué toutes les diatribes qu'ils ont vomi contre moi depuis plusieurs années.

Teyssèdre (Jean), marchand de fournitures d'horlogerie, voyageur, expose donc :

J'étais lié d'affaires commerciales avec une maison. Tantôt je vendais, tantôt j'achetais des marchandises. Lorsque je faisais quelque vente, le chef de la maison ou le maître faisait tous les efforts possibles pour acheter à vil prix ; tandis que lorsque j'achetais il ne se faisait point scrupule ni cas de conscience de chercher à me faire payer vingt-cinq, quarante et même cinquante pour cent au-dessus de la valeur ordinaire, et principalement pour les articles ou qualités de marchandises dont il savait que je n'avais pas une entière connaissance.

Lorsque j'allais pour revendre lesdites marchandises, on ne m'offrait que perte, parce que je les avais payées trop cher dans les achats.

Alors, et vu les pertes que j'essuyais tous les jours, j'ai été obligé de me procurer des marchandises dans d'autres maisons de commerce.

Mon absence fut bientôt aperçue ; aussi, toutes les fois que ce chef me rencontrait, il me demandait si je ne lui achetais plus de marchandises. Obsédé par ses importunités, je m'y rendis de nouveau, et j'y fis de nouvelles acquisitions en différentes qualités. Mais comme je m'étais ravisé sur les prix et qu'il vit que j'étais plus difficile qu'auparavant, il me fit comprendre qu'il me trouvait beaucoup moins facile à être sa dupe.

Ces nouveaux procédés me portèrent à donner ma confiance aux maisons de commerce dans lesquelles j'avais fait d'autres achats, et qui m'avaient traité avec loyauté et surtout avec bonne foi.

Presque partout je rencontrais mon premier vendeur ; c'étaient toujours de nouvelles obsessions, nouvelles offres de vente pour d'autres marchandises. Enfin, pour me soustraire à toutes ses importunités, je lui dis que nos relations étaient cessées, parce que, pour me servir de son expression, j'étais trop marchandeur.

Sa mauvaise humeur éclata ; il n'épargna rien : menaces, paroles injurieuses, mais d'un sens amphibologique, qui me firent comprendre que sa vengeance se porterait jusqu'à me nuire dans mon commerce, et surtout à me calomnier pour ternir ma réputation.

Il fit tous les efforts imaginables, dans sa rage diabolique, pour me faire passer pour un homme dépravé et un sujet de scandale.

Je fis encore une fois sa rencontre, et je voulus le faire expliquer sur les motifs qui le portaient à en agir contre moi au point d'anéantir mon commerce, en disant et en faisant dire des injures atroces et sans lui en avoir fourni occasion ; que s'il avait quelque raison il voulût bien me l'expliquer, et s'il y avait des torts de ma part je les réparerais par des excuses. Je n'obtins d'autre satisfaction que des éclats de rire et quelques exclamations, ah! ah! Nous nous séparâmes à l'instant.

Cinq à six jours après cette entrevue, passant dans une rue entre six et sept heures du soir, une femme m'arrête d'une manière toute amicale, en me disant : Bonsoir, marchand. Ma surprise fut grande lorsque je vis cette personne et que je la reconnus pour l'avoir rencontrée souvent dans les foires des villes du nord de la France.

Après les compliments d'habitude, la conversation s'engagea sur d'autres affaires. Pendant notre entretien, un individu se dirige vers nous. Nous crûmes d'abord qu'il allait entrer dans la maison devant laquelle nous étions arrêtés ; nous nous empressâmes de lui laisser le passage libre. Arrivé à une très petite distance, je reconnus qu'il était ivre ou tout au moins qu'il feignait de l'être, et après nous avoir salué de deux ou trois p.... p.... il disparut. Ne l'ayant pas bien reconnu, je pensai que ce ne pouvait être que mon ennemi déclaré ou quelqu'un de ses émissaires; de là je tirai l'induction qu'il surveillait mes pas et qu'il tramait quelque mauvaise pensée contre moi.

En effet, peu de jours après, il apparut un pamphlet infâme contre moi, et qu'il faisait adroitement distribuer, dans lequel il me présentait comme un homme on ne peut plus débauché, disant qu'il m'avait vu dans des liaisons impures que, par respect pour la morale et surtout pour la nature, je m'abstiens de qualifier autrement; que je fréquentais les maisons de prostitution pour gagner cinq ou six francs par jour, et que c'était là tous mes moyens d'existence.

Lecteur, pensez-vous qu'il soit possible d'inventer de calomnie plus abominable, plus atroce, contre un homme qui a toujours été de mœurs irréprochables? J'aurais dû, pour ne pas outrager la pudeur, laisser dans le silence cette lâche et trop dégoûtante accusation, mais si j'y réponds, ce n'est que pour dire à mon adversaire qu'il veut faire réjaillir sur moi les vices dont il se souille tous les jours.

Le croiriez-vous encore? il ne s'en tint pas à cette attaque; il sut, à force de subterfuges et de tournures déguisées, capter des personnes trop crédules et les induire à erreur; ils composèrent une espèce de comité secret; ils se constituèrent en tribunal; un président fut nommé, des juges, un rapporteur; ils firent une enquête dans laquelle ils firent figurer comme témoins des gens aussi méchants qu'eux, et enfin ils prononcèrent un simulacre de jugement dans lequel toutes sortes de flétrissures dégoûtantes furent imprimées contre moi.

On n'a jamais vu tant d'acharnement de la part d'un si grand nombre d'hommes plus méchants les uns que les autres, et je pourrais aller jusqu'à dire que jamais vingt loups ne se sont réunis pour dévorer un agneau, de même que vingt hommes robustes pour excéder un jeune enfant.

Mais si j'ai outragé la morale publique, pourquoi ne pas me livrer à la justice ordinaire des cours ou des tribunaux? Non, ils ont craint un débat judiciaire dans lequel j'aurais facilement prouvé la fausseté de leur accusation et par conséquent mon innocence; ils ont mieux aimé me poignarder dans l'ombre et sans défense.

Croirez-vous que leur méchanceté se soit enfin bornée à ces actes? Non, ils ont fait imprimer un libelle rempli de sâles et dégoûtantes expressions, dans lequel ils me donnent des qualifications plus sâles et plus dégoûtantes encore. Ce libelle a été tiré à plusieurs milliers d'exemplaires, qu'ils ont vendu et distribué en Belgique, en Suisse, dans les états d'Allemagne, et dans toutes les provinces de France et plusieurs autres pays de l'Europe. Mon nom n'y figure pas; mais comme je suis très avantageusement connu dans tous ces pays, ils m'y ont dépeint de manière à ce que personne ne se méprenne; il m'a même été rapporté qu'ils avaient mis mon signalement.

Ils avaient, ces misérables, plusieurs buts à atteindre : ils cherchaient à porter atteinte à mon honneur, à ma réputation. Mais leurs coups n'ont pas eu de portée; mon honneur et ma réputation sont trop bien établis pour qu'ils puissent les altérer le moins du monde. Ils voulaient altérer ma fortune et augmenter la leur en vendant leur libelle, qu'ils donnaient à tout prix depuis cinq centimes jusqu'à dix francs, et en effet les gens trop crédules leur versaient à foison l'or et l'argent dans leurs coffres toujours prêts à l'engloutir.

Je gémissais amèrement et en secret de leur sordide spéculation en voyant que j'étais leur proie innocente, et le tout par jalousie. Ils étaient témoins que je faisais honorablement mes affaires; que par mon exactitude à remplir mes engagements mon crédit s'augmentait; que non seulement les maisons avec lesquelles je faisais des affaires m'offraient toutes les marchandises dont je pourrais avoir besoin, mais que bon nombre d'autres maisons m'offraient leurs services ; et comme je payais tout au comptant, plusieurs m'engageaient à prendre à terme. Aussi voyaient-ils, mes vils calomniateurs, que je surpassais en affaires les maisons qui avaient la sotte prétention de se faire passer pour opulentes ; de là leur rage, leur dépit contre moi. Mais est-ce ma faute à moi s'ils ne font pas mieux leurs affaires, s'ils n'ont pas le même crédit ? Qu'ils suivent mon exemple ; qu'ils mettent plus d'activité dans leur travail, plus d'économie dans leurs dépenses, plus d'exactitude dans l'accomplissement de leurs obligations. Par ce moyen, ils auront des marchandises à des prix modérés, ils pourront rivaliser avec leurs collègues pour les ventes ; et s'ils ont cinq, six francs et quelquefois plus par jour de bénéfice gagnés d'une manière honnête et loyale, ils feront des économies. Voilà comme j'agis, et non pas, comme ils l'ont si audacieusement publié, par des moyens qui répugnent à l'honneur, à la délicatesse. Alors leur crédit s'accroîtra comme le mien s'est soutenu et a grandi, parce que je puis le dire hautement et sans vanité, tous mes correspondants m'ont reconnu pour un homme d'une exactitude, d'une probité et d'une vigilance à toute épreuve.

Ils ont osé dire que j'étais un forçat libéré ou évadé des bagnes ; ces imputations prouvent leur misérable rage. Les certificats honorables que je transcrirai plus bas détruiront tous leurs échafaudages de méchanceté ; ils y verront que, non seulement il n'a rien existé contre moi, mais même contre aucun membre de ma famille, que nous n'avons jamais dévié des principes de l'honneur.

A toutes leurs inventions, ils ont ajouté que j'avais eu des discussions avec un ecclésiastique.

Il me suffira, pour détruire toute impression défavorable,

qui pourrait réjaillir contre moi , d'exposer les faits tels qu'ils se sont passés, et l'on verra de quel côté sont les torts.

En 1811, je fus appelé, par le sort, pour faire partie de l'armée. Je crus, avant mon départ, devoir mettre ordre à mes affaires , dans l'incertitude où j'étais si je rentrerais jamais dans mes foyers ou si je succomberais dans les campagnes que je serais obligé de faire. Je me rendis , accompagné de ma mère, chez un notaire ; là je lui fis un testament par lequel je l'instituais mon héritière ; je lui donnai pouvoir de gérer et administrer mes biens personnels, et , de plus, de se faire payer une somme de trois mille six cents francs, qui m'était due, par un propriétaire , et dont l'échéance arriverait en 1813. A l'échéance, mon débiteur , voulant se libérer pour affranchir son bien de l'inscription hypothécaire qui le grevait , compta cette somme à ma mère ; celle-ci était embarrassée de ces fonds ; les garder chez elle , elle craignait d'être volée ; les placer, la peur de quelque faillite l'épouvantait. Elle confia son embarras à son directeur de conscience, vicaire de la paroisse , et lui demanda son avis pour ce qu'elle devait faire de cet argent. Le vicaire lui proposa de se charger lui-même de la somme et de lui fournir les intérêts, à cinq pour cent par an , avec la condition que le remboursement serait fait en trois paiements , qui auraient lieu de la manière suivante : six cents francs, le 8 septembre 1814 ; mille francs, le 8 septembre 1815 ; le solde , le 8 septembre 1816.

A mon retour du service militaire , qui eut lieu dans le mois d'avril 1814 , ledit vicaire , qui avait consenti les obligations au nom de ma mère, les refit sur mon nom. A l'échéance du premier paiement, l'obligation fut exactement acquittée. Pour le second, il se fit par à-compte , et même fallut-il poursuivre d'autorité de justice le rentrée du solde.

Désirant faire une gratification à ma bonne mère, je l'autorisai à recevoir une somme de trois cents francs, qu'elle ne voulut prendre que sur le dernier paiement, dont le chiffre s'élevait à dix-sept cents francs.

Le 9 septembre 1816, je me rendis chez mon débiteur qui desservait alors une paroisse dans le département du Lot. Après les salutations réciproques et les compliments d'usage, mon débiteur m'adresse une question qui me surprit assez ; il me demanda quel était le hasard qui lui procurait ma visite. Ma réponse fut facile ; la présentation de votre obligation de mille sept cents francs, lui-je, et l'encaissement de cette somme. Il me dit encore qu'il n'était pas à échéance ; je lui répliquai qu'il était dans l'erreur, et je l'en convainquis. Alors il m'observa que, ne comptant sur l'échéance qu'au 8 octobre, il n'avait pas les fonds, qu'il me priait de lui accorder un mois de répit. Je lui fis encore l'observation que son inexactitude à me payer la somme de mille francs à l'échéance et la pénible nécessité dans laquelle il m'avait mis pour obtenir paiement du solde de cette somme de le poursuivre en justice, me fesaient un devoir de lui accorder ce mois de délai. Cependant, il me demanda quinze jours, et m'offrit vingt francs de gratification si je les lui accordais. J'adhérai au délai et refusai la gratification. N'ayant pas été exact au paiement, à l'époque que je lui avais donné, et qu'il avait pris lui-même, je fus encore à regret obligé d'obtenir jugement, de lui faire saisir ses meubles ; j'étais même forcé d'user de saisie immobilière pour avoir satisfaction de ma dette, lorsqu'enfin il me paya.

Certificat de bonne vie et mœurs.

27 Septembre 1830.

Nous, soussignés, maire et principaux notables de la commune de Montbazens, chef lieu de canton, arrondissement de Villefranche, département de l'Aveyron. Certifions et attestons, à qui de droit, que le nommé Teyssèdre (Jean-Antoine), marchand colporteur, originaire de cette commune, est de bonne vie et mœurs ; il n'a jamais cessé de s'attirer l'estime de ses concitoyens, que nous, maire, n'avons jamais reçu de plainte sur son compte. En foi de ce, avons délivré le présent.

A Montbazens, le 27 Septembre 1830.

Signé, COLOMB, GAZAN, AMOUROUX, JOULIE, DELAVERGNHE, CAUSIT, Maire.

Vu pour légalisation des signatures, Colomb, Gazan, Amouroux, Delavergnhe, Joulie, apposées ci-dessus.

A Montbazens, le 27 Septembre 1830.

Signé, CAUSIL, Maire.

Certificat de bonne vie et mœurs.

11 Mars 1844.

Nous, Louis-Antoine DELAVERGNHE, maire de la commune de Montbazens, chef-lieu de canton, arrondissement de Villefranche, département de l'Aveyron, avons l'honneur de certifier que le sieur Jean-Antoine Teyssedre, marchand colporteur, originaire de cette commune, a toujours été de bonne vie et mœurs pendant le temps qu'il est demeuré dans son pays natal, où il a constamment tenu une conduite honnête et régulière. Il n'est jamais parvenu à la mairie aucune plainte sur son compte, et a toujours mérité l'estime et la considération de ses compatriotes.

Délivré à la Mairie de Montbazens, sur la demande dudit Teyssedre, le 11 mars 1844.

Le Maire de Montbazens,

DELAVERGNHE, *signé.*

Voilà, maintenant, lecteur, la vérité toute nue de ce qui s'est passé entre cet ecclésiastique et moi. Si on a voulu y ajouter quelque chose, je déclare que c'est un mensonge et fourberie.

Pour donner quelque apparence de légitimité à leur attaque, mes adversaires impriment et font dire par quelques personnes, aussi bêtes qu'eux, que je les ai insultés même menacés. D'abord, je leur répondrai que cette inculpation, si elle n'est pas d'hors et déjà fausse, par le motif qu'il n'est jamais entré dans mon esprit d'insulter ni de menacer qui que ce soit, tombe d'elle-même. Et comment, en effet, pourrais-je le faire, puisqu'ils gardent l'anonyme, en me provoquant, que dès-lors je ne les connais pas et ne puis les connaître, et cela pour mieux faire éclater leurs méfaits.

Qu'ils ne se méprennent pas : si je les avais connus, les menaces, les insultes que je leur aurais adressées, c'eût été une poursuite correctionnelle, en réparation de leur lâche diffamation. Ne pouvant les atteindre, malgré que j'aie fait toutes les démarches qu'il a dépendu de moi pour arriver à ce but, j'ai voulu répondre par ce mémoire, qui sera jugé et apprécié par les gens de bien, et qui, après l'avoir réfléchi, s'ils veulent bien se donner la peine de le lire, verront qui, de mes adversaires ou de moi, a le droit de se plaindre.

Que m'est-il arrivé par suite de leurs intrigues et de leurs diffamations ? C'est que plusieurs fois, lorsque j'allais dans certaines maisons où des affaires me forçaient d'aller, et principalement dans mon logement, j'étais exposé aux éclats de rire à des quolibets ; on parlait de cent sous ou six francs. Je ne pouvais parvenir à comprendre les motifs d'une pareille conduite à mon égard, étant, comme j'avais toujours été, sans reproche, n'ayant jamais, et d'aucune manière, porté atteinte à personne. Tout ceci se passait principalement dans les derniers mois de l'année 1843 et dans les premiers de 1844, de telle sorte que presque partout où j'entrais, j'éprouvais quelqu'outrage.

Un jour, où je fus vexé plus que d'ordinaire, je me décidai à mettre fin à toutes ces tracasseries, et, dans ce but, je me transportai chez un homme d'affaires à qui je fis part

de ce qui se passait et de ma triste position. Il me demanda
si je ne pourrais pas avoir des preuves qui pussent mettre la
justice à même de sévir contre les auteurs de pareilles tracasseries. Je lui répondis qu'ils se tenaient si bien cachés dans
l'ombre, qu'il m'était impossible de me procurer des témoins.
Pendant notre conversation un individu, qui y était présent,
et qui, par conséquent, avait tout entendu, s'adressant à
moi, me dit que je ne pourrais rien faire, parce qu'on
m'avait vu sur les portes de maisons suspectes. Je voulus le
faire expliquer plus clairement, il refusa de le faire. Dès-
lors, je tirai la conséquence, ou que c'était quelqu'un qui
faisait partie de la bande infernale de mes ennemis, ou
qu'il s'était laissé séduire par leurs fascinations, et qu'il était
tombé dans l'erreur sur mon compte. Cette courte explication
commença pourtant à me faire connaître le fil des trames
ourdies méchamment contre moi.

Comme je l'ai dit, je n'ai pu, jusqu'à présent, me procurer
des preuves pour atteindre mes lâches adversaires ; mais,
s'il advient un jour, que je puisse en trouver, je promets, et
j'en prends l'engagement formel, de demander une réparation éclatante, et si, comme je l'espère, je l'obtiens, j'en
livrerai la connaissance au public.

Je suis convaincu d'avance que, si mes adversaires, avaient
à m'intenter une action, ils trouveraient des témoins, mais de
ces personnes qui, comme eux, ont abjuré tout principe
d'honneur, de probité et de délicatesse ; ils les puiseraient
dans ce que la société a de plus vil, de plus abject, qui,
comme certains animaux nuisibles et malfaisants, vont dans
les égouts chercher leur nourriture ; dans ceux, en un mot,
qui ressemblent à ceux qui font p... p..., et qui ne craindraient
pas de composer une déposition, comme eux inventent tant
de misères pour détruire l'industrie de l'homme d'honneur.
Tandis que, si je veux, par une enquête de commune renom-
mée, détruire leurs diatribes, je me fais fort de leur rap-

porter la signature de cent mille citoyens, tous gens honorables, et jouissant de l'estime et de la considération publique.

Leur attaque contre moi, je l'ai déjà dit, portait sur ma
qualité d'homme probe, qu'ils ont voulu altérer, et le tout
par pure jalousie. Je suis bien loin de les craindre sous ce rap-
port; j'en ai trop d'honneur, pour qu'ils parviennent à l'atteindre. Si, pour grossir leur fortune, ils ont imaginé qu'il
fallait une victime contre laquelle ils pussent diriger l'arme
infâme de la calomnie, ils n'avaient qu'à écrire l'histoire de
leur vie, de leurs actes ; il avaient là un sujet modèle et vrai,
et qui leur aurait fourni une abondante matière, et, d'ailleurs,
comme l'écrivain ne peut bien traiter sa matière, s'il n'a une
parfaite connaissance du sujet qu'il traite, il auraient alors
écrit avec conviction, et leur style n'eût été que plus beau,
beaucoup plus éloquent, et, par suite, plus facile à captiver
l'attention du lecteur ; ils auraient bien fait surtout de se
faire connaître.

Pour se dispenser de me faire connaître par mon nom, et
la cause en est facile à comprendre, la peur de la police correctionnelle, ils m'ont désigné par des surnoms ridicules, et
dont plusieurs ont appartenu à des hommes flétris, à l'ex-
ception de ceux de voleur, d'escroc et de banqueroutier, qu'il
n'est jamais venu à ma connaissance qu'ils aient prononcé. Si
c'est par égard ou par convenance qu'ils l'ont fait, je me croi-
rais dans l'obligation de les en remercier, mais je ne puis
le penser ; je crois, au contraire, qu'ils ne s'en sont abstenus
que par égard pour eux-mêmes, afin de ne pas rappeler à leur
mémoire des faits dont ils se sont rendus coupables.

Mes adversaires sont loin de s'attendre à une réponse à
leurs attaques, parce qu'ils ont vu avec quelle patience je les
ai supportées, et surtout avec quelle résignation. Ne pouvant
les atteindre du moins encore par les voies judiciaires, j'ai dû
parler à la société pour chercher à détruire la fâcheuse impression qu'auraient pu glisser dans les esprits de certaines

personnes les satires qu'on a fait contre moi. Le lecteur n'y verra pas de l'éloquence. J'ai voulu me faire comprendre, voilà toute mon ambition. Je n'ai pas reçu une instruction telle que je pusse faire de ces phrases qui intéressent le lecteur au point de lui faire prendre le change sur ma position ; j'ai dit et parlé avec franchise et avec vérité. Loin de moi l'idée de chercher à m'égaler aux grands hommes qui se sont illustrés et qu'on vénère encore, tels que les Rousseau, les Racine, les Voltaire, les Molière ! J'ai voulu, à l'exemple du célèbre Molière, chercher à faire connaître par des fictions tout le ridicule des infamies dirigées contre moi ; je crois qu'avec ma simplicité, on reconnaîtra facilement mes accusateurs.

Je ne les nomme pas, je ne puis les nommer, ne les connaissant pas d'une manière certaine ; je soupçonne, et tout me porte à croire que la source de ces libelles comme leurs auteurs, aussi méprisables que leurs écrits, habitent Bruxelles. Il y a d'autres corrés qui se sont laissés entraîner, soit parce qu'ils sont portés au mal, soit que, trop confiants dans les discours mielleux ou envenimés des principaux auteurs, ils ont cédé, et se sont laissé séduire et ont fait cause commune avec un être aussi méprisable qu'il est méchant. Ils n'en sont pas moins coupables ; car jamais on ne pourra se justifier d'avoir fait le mal en se coalisant pour assassiner moralement un honnête citoyen, en fabriquant et distribuant contre lui tout ce que l'envie, la jalousie et la haine peuvent avoir de venin. Ils se disent au nombre de vingt, mais de tous et le plus exécrable à mes yeux est le chef de cette infernale bande.

Il a pris, m'a-t-on dit, le nom de MAGISTER pour déguiser son véritable nom. C'est ainsi que l'on désigne le grand-maître des chevaliers de l'ordre de Malte. Si son orgueil l'a fait se titrer ainsi, il a raison, parce qu'il ajoutera aux autres décorations qu'il a déjà celle de Malte, dont l'institution est si belle et qu'on ne distribuait qu'à des preux chevaliers, et qui, sur la poitrine d'un pareil individu, contrasterait comme un brillant au milieu des ordures qu'on déposerait devant la porte d'un honnête citoyen. — Vous me comprenez, monsieur le magister.

Magister signifie encore, d'après ce qu'on m'a dit, maître d'école. Dans ce cas, s'il lui prend envie de se livrer à l'instruction des jeunes gens, il sera prudent pour les pères de famille de surveiller le cœur de ces jeunes innocents ; car, loin de leur enseigner le chemin de la vertu et de la pratique des bonnes mœurs, il pourrait bien leur indiquer la route de Toulon ou de Rochefort. Exemple : sa conduite avec les hommes mûrs. Que serait-ce pour des enfants qu'il faut former !

Je l'ai dit dans le principe, je l'ai répété, et je me crois encore obligé de le redire : mes ennemis ont eu la lâcheté de garder l'anonyme, je ne puis donc leur répondre que très imparfaitement. Qu'ils se démasquent s'ils l'osent, je les en défie. Fort de ma conscience, je ne crains pas de me mettre au grand jour. L'honnête homme se montre partout où son devoir l'appelle, surtout lorsqu'il s'agit de défendre le bien le plus précieux qu'il ait, qu'il lui est facile de conserver en ne déviant jamais de la voie de la vertu et des principes si sacrés de l'honneur et de la probité. Mais, lâches, vils, infâmes calomniateurs, présentez-vous dans la lice la face découverte ? Vous n'êtes pas sans peur puisque vous vous cachez ? Voyons si vous êtes sans reproche ?

Si vous persistez dans vos moyens homicides, cherchez à les appuyer par quelques preuves irrécusables. Produisez des certificats honorables comme ceux que j'ai en mon pouvoir, et que vous pourrez consulter sur les originaux que j'ai toujours sur moi. Si, à défaut de preuves écrites, vous voulez qu'on admette des preuves orales, désignez-nous des témoins qui aient quelque garantie morale ; non pas des gens

tels que vous, misérable ! ou tels que vos infâmes camarades !
Je vous demande, et l'opinion publique, notre souverain,
vous demandera des gens intègres, probes, sans passion,
sans haine, sans jalousie, enfin sans aucun des vices que
vous possédez.

Vous avez voulu me perdre, vous avez fait tous vos
efforts pour y parvenir, vous n'y réussirez pas. J'espère
trop et j'ai lieu d'avoir toute confiance dans le jugement
que va rendre l'opinion publique ; elle vous flétrira, parce
qu'il n'en peut arriver autrement à celui qui, pour porter
préjudice à autrui, se cache dans l'ombre pour le traîner
dans les égouts, alors qu'un citoyen qui est réduit comme
moi à la pénible nécessité de se défendre, met son nom
à découvert, et produit au grand jour des pièces en bonne
forme qui disent et proclament ce qu'il fut, ce qu'il est,
exempt de tout reproche, sans tache, et dont la vie fut
toujours à l'abri de la moindre critique. Croyez-vous qu'il
ne sache pas encore faire d'autres sacrifices ?..... Nom-
mez-vous, et les bancs de la police correctionnelle vous
attendent pour y venir rendre compte de toutes les infamies que, dans votre rage effrénée, vous avez eu la témérité
de vomir contre moi. Chercher à me ravir mon honneur,
c'était en vouloir à mes jours ; et par la raison que personne
ne se laisse donner la mort sans se défendre, de même
mon honneur ne se laissera pas flétrir sans demander réparation de la plus légère atteinte qu'on lui porterait. Mais
je m'abuse..... Parler avec vous honneur, probité, franchise,
loyauté, vertu, c'est ne pas se donner à comprendre. Il
vous faut un autre langage que je n'ai jamais parlé. Allez
trouver vos camarades : ils soutiendront une longue conversation, car vous avez pour cela une matière large et abondante. Le vice prête tant !.... et vous le possédez à fond.

Pardon, mon cher lecteur, si en finissant, j'ai pris de
l'humeur contre mes adversaires ; les mille et une avanies

auxquelles j'ai été en butte de leur part ont entraîné ma plume. Ce n'est pas la vengeance qui m'a dirigé dans ma défense : j'ai voulu seulement mettre sous vos yeux le narré de tout ce que j'ai eu à supporter d'opprobres et d'humiliations. Vous connaissez ma vie, je vous ai communiqué les faits tels qu'ils se sont passés : pesez le tout dans votre équité et dans votre sagesse. J'attends justice de votre impartialité.

A MES CONCITOYENS.

L'envie, monstre sorti des enfers, et dont la tête est hérissée de serpents, qui par son souffle empoisonné répand sur tout l'univers les maux les plus grands ; ses dignes sœurs, la jalousie et la calomnie, sorties comme elle du gouffre infernal, ont attiré sur moi les maux dont vous avez vu le détail dans ce Mémoire. Mais la justice de ma cause et le soin que j'ai eu de réfuter toutes les atrocités par des preuves non équivoques, me feront sans doute triompher, et j'espère sortir victorieux de cette lutte. Vous voyez, mes chers concitoyens, tout le tracas que m'ont suscité mes haineux adversaires. Tenez-vous en garde contre leurs pamphlets, ne leur laissez pas prendre place dans vos esprits. Que votre raison équitable comme votre cœur les repoussent comme des piéges que les démons ne cessent de leur tendre. Rappelez sans cesse à votre imagination cette maxime si sublime : « Ne faites pas à autrui ce que vous ne voudriez pas qu'il vous fût fait. » Mettez-la, toujours en pratique, et n'omettez pas de l'inspirer de bonne heure à vos enfants :

elle est une partie principale du dogme catholique, et par conséquent, de la foi de nos pères et de celle que nous professons. Elle est recommandée par le divin législateur, comme étant la source et la base de l'amour du prochain ; elle est, en un mot, la maxime générale de toutes les nations, de toutes les religions, de toutes les sectes, et le guide certain de l'homme de bien.

La religion nous défend d'injurier le prochain, de médire contre lui ; que sera-ce de la calomnie, de la diffamation ? C'est un assassinat moral. La religion nous proscrit la vengeance ; aussi croyez, mes chers concitoyens, que ce n'est pas dans ce but que j'ai écrit, je ne l'ai fait que pour me justifier et pour vous mettre à même de me juger.

Ne condamnez jamais personne sans l'entendre (comme ils ont fait de moi), quand ce serait un saint qui l'accuserait ; car autrement vous vous exposez à faire des fautes irréparables.

Heureux si, par ma défense et mon exposé, je suis parvenu à vous convaincre que je suis exempt de reproche, et que j'ai été faussement attaqué. La providence m'a soumis sans doute à cette épreuve. Plein de vénération pour elle, et pénétré du saint respect qu'il faut avoir pour ses volontés, je m'y suis soumis, comme je ne cesserai de m'y soumettre tant qu'il lui plaira de me tenir dans cet état, espérant pourtant qu'elle inspirera à mes ennemis des sentiments plus charitables, et que cette lutte pénible s'arrêtera au point où elle se trouve.

Je prie M. le lecteur de lire attentivement le négociant russe et de réfléchir les faits qui s'y trouvent consignés, de ne pas les prendre pour une anecdote, mais de croire que ces faits sont ceux que mes ennemis ont voulu tenter de m'imputer.

DÉLASSEMENT.

HISTOIRE DU NÉGOCIANT RUSSE.

Dans le dix-septième siècle, il y avait un négociant russe qui était établi à Londres. Il jouissait d'une fortune considérable qu'on disait s'élever à plusieurs centaines de mille francs ; on la portait jusqu'à un million et demi. Elle provenait presque toute d'héritages qui lui étaient advenus, de cadeaux qu'on lui avait faits ; mais la majeure partie, d'emprunts d'argent ou de marchandises contractés vis à vis de négociants, fabricants et ouvriers de toutes professions et de toutes les nations. Malgré que ces dettes remontent à des années bien reculées, elles n'ont jamais été payées par le débiteur et ne le seront même pas ; de sorte que les intérêts ont porté par leur capitalisation la dette au moins au quintuple de ce qu'elle était primitivement. Quelques années après le Russe se trouva ruiné. On se demandait quelle était la cause de sa ruine, pour lui qui empruntait et ne payait jamais, et cela en fort peu de temps. Chacun disait son mot : les uns disaient que c'était la toilette, la dépense somptueuse de sa table à cause de sa friandise et de l'abondance des mets, d'autres la chasse, la pêche et la fainéantise ; d'autres encore les bals, le spectacle, le jeu de billard, celui des cartes ; la plupart, le sexe féminin. Mais tous tombèrent dans l'erreur ; on apprit, au grand étonnement de tout le monde, que c'étaient les marchands de noisettes, de noix, d'ognons, de porreaux, d'abricots, de pêches, les charcutiers de France, parce qu'il consommait beaucoup de boudin, de cervelas, d'andouilles et de saucissons, dont il achetait pour 50 à 60,000 fr.., année commune. Mais pourquoi en achetait-il tant, et pour quel usage ? Il en faisait des présents, et cela pour cent sous ou six francs tous les soirs ; non pas à tout le monde, mais aux personnes qui lui plaisaient, et celles-ci, alléchées par cet appât, le suivaient pas à pas. Aussitôt qu'il les voyait arrêtées pour parler à une personne de connaissance, c'eût été mère, sœur ou tante, le Russe cherchait à lui introduire pour cent sous ou six francs de saucisse, de boudin ou d'andouilles dans la poche, sans s'informer si sa religion lui permettait de faire usage de la viande de cochon sans en obtenir la permission et sans avoir l'autorisation. Il voulait seulement leur remplir les poches, et sans parler.

Ah ! quel brave homme que c'était, s'il était de notre siècle et de notre temps, on le nommerait commissaire bienfaisant.

LE FRÈRE DU NÉGOCIANT RUSSE.

L'histoire rapporte que le négociant russe avait un frère établi dans la même ville (Londres) et qui jouissait aussi d'une fortune colossale de plusieurs millions, et peut-être d'un milliard. On dit que c'était un homme très charitable ; mais il avait un grand vice, il entretenait en ville plus de quatre cents femmes. On a raconté que depuis le 1er janvier jusqu'au 31 décembre, il en avait eu trois cent soixante-cinq enceintes. On ajoute que ces femmes avaient été heureuses dans leur grossesse, que tous les enfants étaient venus à terme, et qu'il n'y en avait aucun de sept mois ; mais on dit aussi que le père faisait étrangler tous ces enfants en venant au monde sans les faire baptiser. Quelle cruauté pour un père !.... En vérité, il faut être russe pour faire de choses semblables. Il n'avait cependant pas d'autres défauts à se reprocher : il était libéral, magnifique ; il n'était ni médisant, ni calomniateur ; il se faisait aimer de tout le monde, et particulièrement des ouvriers qu'il employait, et faisait travailler dans ses châteaux et les terres qui en dépendaient. Il les payait très bien, et ne leur donnait jamais de fausse monnaie ; il ne marchandait jamais avec eux. Ces bonnes qualités faisaient oublier la cruauté qu'il exerçait envers les enfants.

LE ROI DES RATS.

En l'année 1500, à Edimbourg, ville capitale d'Ecosse, dans une maison de haut parage, il y avait une cuisinière qui était belle comme les amours ; il y avait aussi un Français, marchand de son état, établi dans la même ville, qui était épris des charmes de la belle cuisinière. Ils s'aimaient, et étaient heureux de se le dire. Un jour la belle, ayant fini sa besogne, sortit de la maison non seulement pour prendre l'air, mais aussi pour voir son amant. Celui-ci ne se fit par attendre, et après s'être donné des preuves de leur amitié réciproque, ils s'entretinrent de leurs amours. Pendant qu'ils parlaient, ils virent venir à eux un masque. Mais, dirent-ils, nous ne sommes pas encore au temps du carnaval. Cependant le masque approcha ; il était vêtu en entier d'une grande peau de rat, dont la queue lui traînait entre les pattes. Jamais on n'avait vu un rat de cette espèce. Il marchait sur ses pattes de derrière ; il avait sur sa tête, au-dessus du museau, une aigrette d'argent (comme le général des rats que nous dépeint dans ses fables le bon Lafontaine). Il s'approcha du couple amoureux en faisant piou, piou, langage ordinaire du peuple ratonique. — Que demandes-tu, lui dit l'amant ? Portant aussitôt une de ses pattes à son museau, faisant signe qu'il avait faim, il fit encore piou, piou, et désignait une armoire dans laquelle il voulait entrer pour y chercher quelque chose à grignotter. Cette armoire était un garde-manger ; elle était recouverte de cinq doublures : la première de toile bleue de Lille (Nord), la deuxième d'espagnolette, la troisième de drap d'Elbeuf, la quatrième de futaine, et la cinquième de serviettes de toile de Hollande. Elle avait aussi une ouverture secrète par où on y déposait les mets, qui était inconnue aux rats de cette espèce ainsi qu'à d'autres. Mais la porte d'entrée était si petite qu'on eût pu y faire entrer seulement un pois, et cependant par la même porte, il en était sorti des boisseaux. Le masque faisait tous ses efforts pour fracturer ces doublures, et faisait toujours piou, piou ; mais il n'en put venir à bout. A le voir, on l'aurait pris pour un rat de race anglaise, il voulait manger les choses aux trois quarts cuites, même ce qui se préparait pour les chiens et pour les pourceaux. On lui demanda encore qui il était et qu'il se fît connaître. Il ouvrit alors le manteau dont il était couvert ; il était fait de mille peaux de rats de différentes couleurs : il y en avait de noirs, de gris foncés, de gris cendrés et de toute espèce. A chaque peau était la queue ; ce qui faisait un nombre infini de queues. Il avait aussi attaché au collet de son manteau la queue rayée d'un âne sauvage. Lors donc qu'il eût ouvert ledit manteau, on aperçut quatre décorations, et on reconnut que c'était un grand prince. Le bruit s'en répandit dans toute la ville ; tout le peuple l'entoura et voulut le proclamer roi. Mais il fallait un crachat. Un des assistants dit qu'il n'était pas difficile de s'en procurer, qu'il connaissait la famille de ce prince, et que son père, son aïeul, bisaïeul et trisaïeul en étaient fabricants (ils étaient tous poitrinaires), et qu'il prendrait un crachat de cette fabrique. Une seconde question fut agitée, savoir : de qui il serait roi, car il ne pouvait pas être roi des hommes. Le peuple s'écria : — De qui sera-t-il donc roi ? — Et le conseil de décider qu'il sera roi des rats. Aussitôt on le complimenta : Oh ! grand monarque, dont la puissance est plus grande que celle des Romains et des Babyloniens, car elle s'étend par toute la terre ! vous avez même des sujets jusque dans les lieux les plus immondes et dans les égouts ! On conduisit en grande cérémonie le roi des rats jusqu'à son palais, qui était un lieu d'aisances public ; et les amants continuèrent à parler de leurs amours.

CLOTURE.

Ceux qui dorénavant feront des feuilletons ou d'autres écrits diffamatoires à ce sujet, ne pourront être que des Russes ou des sujets du roi des rats, des banqueroutiers, des escrocs, des voleurs, des gens ayant fait faillite plusieurs fois, des restes de prisons, faisant cent métiers au hasard pour devenir riches, sans s'inquiéter s'il y a de l'honneur ou non, tels en un mot que les inventions de toutes les calomnies vomies contre moi. Comme leurs écrits ne serviront qu'à augmenter le mépris dont ils sont déjà couverts, ils feront mieux de garder le silence.

Toulouse, Imprimerie de J. Dupin.